AF563073

GOUVERNEMENT GÉNÉRAL DE L'AFRIQUE OCCIDENTALE FRANÇAISE

CONSEIL DE GOUVERNEMENT

DE L'AFRIQUE OCCIDENTALE FRANÇAISE

ORGANISATION

DU

SERVICE DE L'ENSEIGNEMENT

SAINT-LOUIS

IMPRIMERIE DU GOUVERNEMENT

1903

CONSEIL DE GOUVERNEMENT

DE L'AFRIQUE OCCIDENTALE FRANÇAISE

(Session de 1903.)

RAPPORT

PRÉSENTÉ

Par M. le Lieutenant-Gouverneur du Sénégal à M. le Gouverneur général en Conseil de Gouvernement, sur l'organisation de l'Enseignement en Afrique occidentale française.

Monsieur le Gouverneur général,

En conformité aux dispositions de l'article 7 du décret du 1er octobre 1902, j'ai l'honneur de vous soumettre un projet d'arrêté portant réorganisation de l'enseignement dans toutes les Colonies de l'Afrique occidentale française dont ce rapport préliminaire vous exposera l'économie générale et les idées directrices.

Il serait injuste de prétendre que rien jusqu'ici n'avait été tenté pour organiser l'enseignement public dans les Colonies qui relèvent aujourd'hui de votre autorité et il convient, au contraire, de constater que de sérieux efforts avaient été entrepris dans ce sens. Mais faute d'une direction unique et d'une entente préalable toutes ces tentatives méritoires en elles-mêmes, n'avaient donné que des résultats médiocres, si même elles n'avaient pas complètement échoué. On peut même affirmer qu'il existait autant de programmes que d'écoles et autant d'orientations que de Colonies différentes. Pendant que l'enseignement est donné par des congréganistes à la Côte d'Ivoire et à la Guinée française, il est laïque à Porto-Novo, mixte dans la colonie du Soudan et presque entièrement religieux dans la vieille colonie du Sénégal, exception faite d'une école laïque à Saint-Louis. Nous ne parlons, en effet, que pour mémoire des écoles indigènes peu fréquentées et dont le personnel s'est jusqu'à présent recruté sans garantie de compé-

tence et au hasard des candidatures parfois inattendues. Le personnel européen laïque lui-même n'est pas d'ailleurs fourni par les cadres de la Métropole; il est presque toujours recruté parmi des instituteurs désireux de s'expatrier ou, sur place, parmi d'anciens adjoints qui après avoir tenté diverses fortunes sont revenus à leur point de départ. Sauf quelques très honorables exceptions, ce personnel ne présente ni le minimum de connaissances désirables, ni l'homogénéité qui pourrait, seule, assurer un enseignement rationnel. Quant au personnel congréganiste, il était généralement désigné par le supérieur de la congrégation, et trop souvent, les titulaires des emplois vacants n'étaient même pas pourvus du brevet élémentaire.

Si le personnel était aussi disparate, les programmes appliqués étaient plus incohérents encore. Par une méthode étrange et qui nous semble avoir été presque la règle pendant longtemps en Afrique occidentale, on apprenait aux jeunes indigènes à lire et à écrire en français sans se préoccuper de leur faire comprendre ce qu'ils lisaient et écrivaient, ni de leur apprendre à parler. Dans les écoles plus complètement organisées, la situation était plus grave encore, parce que les instituteurs y appliquaient alors dans son intégralité le programme des écoles métropolitaines, sans se préoccuper des différences de temps, de lieu, ni de climat. C'est ainsi que de jeunes Sénégalais connaissaient admirablement les villes situées sur les bords de la Loire ou les principaux faits de la Guerre de Cent ans mais étaient incapables de citer les noms des principales escales du fleuve Sénégal ou de donner quelques indications sur les institutions actuelles de la France. Partout donc l'enseignement verbal et conventionnel, l'appel constant à la mémoire mécanique, et nulle part un enseignement adapté aux besoins réels de l'Afrique occidentale et aux populations qui devaient le recevoir. Si quelques bons résultats étaient cependant obtenus dans certains centres, comme Porto-Novo ou Tombouctou, ils étaient dus à l'initiative personnelle de maîtres doués d'un tempérament d'apôtre et ne pouvaient être dès lors qu'essentiellement temporaires. Nulle part dans un pays dont les habitants sont spécialement doués pour les arts mécaniques, il n'existait d'enseignement professionnel, sauf peut-être une timide tentative de ce genre à Kayes, et cette situation était d'autant plus inexplicable qu'une école de mécaniciens fondée autrefois à Dakar avait donné d'excellents résultats et avait été supprimée en plein développement, pour des raisons restées jusqu'à présent obscures. En revanche, la Colonie du Sénégal avait tenu à honneur d'avoir, comme les vieilles Colonies, son enseignement de luxe, et le Budget entretenait, à grands frais, une école congréganiste dite *secondaire* qui ne répondait ni à son nom ni à son programme et qui, en faisant naître chez les parents comme chez les élèves, des espérances jamais réalisées, a certainement donné des résultats plus regrettables qu'utiles. Il ne faut pas oublier non plus pour compléter cet exposé des institutions existantes que l'enseignement des marabouts dangereux, à plus d'un titre, continuait à faire, grâce à la tolérance de l'Administration, une concurrence, d'autant plus active qu'elle était occulte, à l'enseignement officiel.

Telle était encore, il y a quelques mois à peine, la situation de l'enseignement public en Afrique occidentale française.

*
* *

Avant d'entreprendre la rédaction de l'arrêté que vous m'aviez demandé, j'ai tenu à dégager les idées générales qui devaient inspirer cette rédaction. En ce qui concerne les programmes, il nous a semblé nécessaire de supprimer tout enseignement qui, en offrant aux élèves la possibilité d'obtenir des diplômes dont ils ne pourraient se servir, en faisait des déclassés et des inutiles. Nous n'avons donc gardé des programmes métropolitains que ce qui pouvait convenir à toutes les Colonies de l'Afrique occidentale sans exception et sans méconnaître toutefois les intérêts légitimes des Européens et des assimilés. Nous avons fait effort pour que l'enseignement donné fût accessible à tous les indigènes. Nous avons voulu aussi que cet enseignement fût laïque, qu'il eût un but nettement pratique et qu'il assurât à tous ceux qui fréquenteraient régulièrement l'école un moyen de gagner honorablement leur vie.

Laïque. — De l'enquête faite récemment il résulte que l'enseignement religieux, dont on ne saurait méconnaître les grands services qu'il a rendus autrefois, était par son essence même un enseignement dogmatique, inapte à s'assouplir aux nécessités modernes et dont les méthodes surannées étaient trop souvent contraires aux aptitudes intellectuelles des enfants qui étaient appelés à en tirer profit. D'autre part, même en observant la plus stricte neutralité, les congrégations ne pouvaient pas faire que leur présence seule ne provoquât une sorte d'antagonisme chez des populations attachées en majorité à une autre religion et on peut dire, qu'une des grandes raisons du succès regrettable de l'enseignement des marabouts (les preuves ne manqueraient pas pour l'établir) était justement cette rivalité religieuse qui ne permettait pas de donner à l'école le caractère de neutralité absolue rêvé autrefois par Jules Ferry. Enfin des instituteurs munis des diplômes nécessaires, élevés dans l'esprit de l'enseignement laïque nous ont paru seuls susceptibles de donner à ces populations essentiellement malléables, le respect des grands principes dont l'ensemble constitue en quelque sorte le patrimoine de la démocratie moderne.

Pratique. — Les résultats obtenus par l'Ecole secondaire de Saint-Louis et, pourrions-nous ajouter, ceux que donnent dans d'autres Colonies des établissemetts similaires, sont là pour prouver que le Gouvernement n'a pas le droit d'engager des enfants dans une voie qui ne les conduit, après plusieurs années perdues, qu'à solliciter des emplois qu'ils ne peuvent obtenir ou à vieillir, mécontents, dans les postes infimes de l'Administration. Il nous a donc semblé qu'il fallait faire une sélection entre les meilleurs des élèves sortis des écoles urbaines ou des écoles régionales. Les uns que leurs aptitudes destinent plus spécialement aux arts mécaniques trouveront dans les écoles professionnelles élémentaires et à l'école professionnelle de Dakar, une instruction conforme à leur tournure d'esprit et à leurs projets d'avenir. Il n'est pas à craindre, en effet, que dans un pays qui ne peut se développer que par de vastes entreprises de travaux publics, où les ateliers sont nombreux, où la navigation maritime et fluviale et les voies ferrées en exploitation ou à exploiter exigent de plus en plus des mécaniciens expérimentés, les élèves sortant de ces écoles avec un diplôme, qui aura bientôt une grande valeur, ne trouvent des emplois bien rémunérés qui leur assureront une existence large. Il n'est même pas téméraire d'espérer que quelques-uns d'entre eux plus particulièrement doués pourront suivre les cours des écoles des arts et métiers de la Métropole et de retour dans leur Colonie d'origine reconnaîtront par les services qu'ils rendront, les sacrifices consentis en leur faveur par cette même Colonie. De l'enquête faite il résulte d'ailleurs, ce qui n'était pas douteux, que toutes les industries privées sont dès maintenant disposées à prêter en ce sens à l'Administration le plus généreux des concours.

Les autres seraient dirigés vers l'enseignement commercial. Dans des pays comme ceux de l'Afrique occidentale, dont les échanges commerciaux assurent depuis longtemps la prospérité, il était inadmissible qu'aucun établissement ne fournit aux maisons de commerce un recrutement sur place d'agents expérimentés, connaissant la technique de leur futur métier, et n'ayant pas à subir, comme tant d'autres, les rigueurs du climat. C'est à ce besoin que répond la création d'une école commerciale qui, par ses programmes simples et pourtant complets, nous donnera ce que nous appellerions volontiers : « Les sous-officiers du commerce. » Toutefois, comme ce genre d'activité exige des aptitudes spéciales, il nous a paru nécessaire de prévoir des cours pratiques et bien compris pour les jeunes gens qui voudraient se préparer aux examens de l'Administration et qui, s'ils ne les considèrent pas comme indignes de leur valeur, les suivront avec conscience et avec profit. Nous n'avons pas voulu cependant interdire à des élèves qu'une situation spéciale ou des dons exceptionnels désigneraient à des études plus hautes et plus désintéressées, l'accès des carrières libérales, mais il nous a semblé qu'une section dans laquelle on ne serait admis qu'après concours suffisait pour répondre à cet ordre de préoccupations.

Vous remarquerez aussi, Monsieur le Gouverneur général, que dans les écoles, à tous les degrés, il a été fait une large place à l'enseignement de l'agriculture : c'est que cet enseignement est indispensable dans un pays qui ne peut vivre que par le travail de la terre et que menace le danger de la monoculture. La profession de cultivateur n'est pas suffisamment considérée par les indigènes qui se contentent de demander au sol et par des moyens trop sommaires les produits nécessaires à leurs besoins ; nulle part peut-être la routine n'est plus invétérée qu'en Afrique occidentale. Les cultivateurs demandent au mil leur nourriture quotidienne et suivant les Colonies, attendent de l'arachide, du caoutchouc ou de l'huile de palme, l'argent nécessaire pour leurs achats usuels, sans savoir et sans qu'on leur ait jamais dit qu'à donner toujours et sans repos la même production, le sol s'appauvrit et s'épuise, et qu'une culture, si rémunératrice qu'elle soit, lorsqu'elle ne peut pas être compensée par d'autres cultures aussi variées et aussi riches, risque, dans une circonstance donnée, de ruiner ceux qui s'y sont exclusivement consacrés. Les jeunes générations qui auront suivi l'enseignement nouveau seront donc convaincues que le métier de cultivateur est le plus noble qu'il soit ; ils connaîtront les instruments perfectionnés et les méthodes intensives et accepteront toutes les cultures nouvelles parce qu'on leur en aura démontré la valeur réelle et le profit possible.

Quant aux écoles primaires nous nous sommes inspirés, comme le recommandait une circulaire ministérielle récente, de l'organisation heureusement réalisée par le général Galliéni à Madagascar, mais nous avons tenu compte de ce fait que la situation n'était pas précisément la même que dans la grande île et que nous nous trouvions, pour le Sénégal surtout, en présence d'un organisme déjà créé qui fonctionnait mal, sans doute, mais qui fonctionnait depuis longtemps. C'est ce désir de ne pas tout détruire qui explique le maintien sous le nom d'écoles urbaines des établissements scolaires qui fonctionnaient depuis longtemps dans les grands centres.

Nous avons également prévu que partout l'enseignement de l'arabe serait donné dans l'intérieur même de l'école ; c'est le seul moyen de réglementer ou même, suivant les cas, de supprimer l'enseignement extérieur des marabouts sans choquer les convictions ou les préjugés des populations indigènes et de réaliser ainsi d'une façon complète, la concentration de tous les enseignements sous la surveillance d'un Chef de service et de l'Administration.

* * *

Après avoir tenté l'unification des programmes nous avons voulu essayer l'unification du personnel. Nous avons voulu, surtout, que les instituteurs et les professeurs chargés de diriger les grands établissements ou d'y professer, fussent tous des instituteurs européens pourvus des diplômes correspondants, exigés en France et détachés des cadres métropolitains; ce qui en assurant leur avenir, et leurs droits à la retraite, leur donnait plus de sécurité et plus de liberté d'esprit, tout en vous permettant de remplacer sans difficulté ceux d'entre eux dont la santé ne pourrait résister au climat africain. Mais il eut été chimérique et d'ailleurs inutile, de confier à des instituteurs européens toutes les écoles dont la création a été prévue. Des instituteurs indigènes, plus près de leurs élèves par leurs origines et leur manière de vivre, rendront dans les écoles de village, semble-t-il, des services plus sérieux que des instituteurs européens qui, isolés dans la brousse, ne tarderaient pas à se décourager et à perdre leur esprit d'initiative et leurs aptitudes pédagogiques. Il était nécessaire pour que ce résultat fût obtenu, que ces instituteurs indigènes fussent méthodiquement préparés à leur rôle d'éducateurs et qu'ils ne fussent plus recrutés suivant les caprices et les besoins du moment. C'est à cette préoccupation que répond la création de l'Ecole normale de Saint-Louis. Les conditions d'admission, la durée normale des études et la préoccupation que nous avons eue de ne pas calquer son programme sur celui des écoles normales de la Métropole, nous garantit suffisamment un recrutement sérieux et régulier d'instituteurs attachés à leurs fonctions et aptes, par l'éducation qu'ils auront reçue, à les remplir avec méthode et avec fruit. Vous nous permettrez, Monsieur le Gouverneur général, d'insister sur ce fait, que l'Ecole normale ne vaudra que par l'homme qui sera appelé à la diriger. Il nous a apparu que l'Afrique occidentale ne devait pas hésiter à consentir de sérieux sacrifices pour mettre à la tête de cet établissement un Directeur non seulement pourvu de tous les titres universitaires suffisants mais encore doué d'un sens pédagogique très aiguisé et de grandes qualités morales, puisque de son action dépend en quelque sorte l'avenir de l'enseignement public dans votre Gouvernement.

Après avoir hésité et y avoir mûrement réfléchi, nous avons cru utile et même significatif de consacrer un titre spécial à l'enseignement des filles. On pourrait nous faire cette objection qu'au Sénégal, tout au moins, l'enseignement des filles est mieux organisé et donne des résultats plus pratiques que celui des garçons; mais il nous serait aisé de répondre que la cause en est que cet enseignement ne s'adresse qu'à une petite partie de la population féminine, que ces écoles ne sont fréquentées que par des élèves européennes ou assimilées appartenant à des familles d'une civilisation déjà supérieure ; et qu'au contraire rien n'a été fait pour la population indigène des villes et à plus forte raison pour celle des autres Colonies de l'Afrique occidentale. Et comment en aurait-il été autrement, puisque cet enseignement est à la fois combattu par les missions religieuses et par les préjugés musulmans ? A plusieurs reprises, les rapports des missionnaires constatent avec satisfaction que l'enseignement des jeunes filles indigènes est nul, et insistent sur la nécessité de laisser en friche ces jeunes intelligences, livrées ainsi à toutes les suggestions extérieures. D'autre part, le mépris et la subordination dans lesquels l'Islamisme tient la femme, de parti pris, explique pourquoi les marabouts l'ont toujours tenue éloignée de leurs écoles. Or il ne faut pas nous y tromper. C'est par l'influence de la mère et de l'épouse que nous arriverons à modifier la mentalité des générations futures et à rapprocher de nous des individus que des traditions immémoriales et des conseils intéressés en tiennent encore singulièrement éloignés. Mais si nous avons voulu donner aux jeunes filles indigènes quelques notions intellectuelles, en faire autant qu'il était possible des femmes françaises par le langage, comme par le cœur, nous avons voulu aussi conserver à cet enseignement plus encore qu'à celui des garçons un caractère nettement pratique. Nous n'avons pas oublié, en effet, que le rôle de ces enfants est avant tout d'être plus tard des épouses dévouées et des mères de famille avisées. De là, cet enseignement élémentaire d'hygiène de l'enfance qui diminuera dans une large mesure, nous en avons le ferme espoir, la mortalité infantile qui est, comme vous le savez, un des fléaux les plus redoutables de l'Afrique occidentale. De là aussi, cet enseignement ménager analogue à celui qui se donne dans l'école de Bathurst et dont j'ai pu constater sur place les heureux effets.

De même que pour les garçons nous avons cru nécessaire, et pour les mêmes raisons, d'assurer un recrutement normal d'institutrices indigènes et nous avons prévu la création d'une école où seraient rationnellement développés les principes dont nous avons essayé de vous faire l'exposé sommaire.

Telle est, Monsieur le Gouverneur général, l'économie de l'arrêté que nous avons l'honneur de soumettre à votre haute approbation. Tel qu'il se présente et avec ses imperfections inévitables auxquelles l'expérience seule permettra de porter remède, il nous semble constituer un progrès notable sur ce qui existe et répondre aux idées générales que vous aviez bien voulu nous exposer. Il complétera heureusement les grandes réformes que vous avez déjà réalisées et il peut être, dans l'avenir, d'une portée considérable, si nous avons assuré, comme nous en avions le désir, le développement de la personnalité des indigènes et leur adaptation, dans un temps donné, aux idées et aux principes qui régissent la France moderne.

Saint-Louis, le 15 octobre 1903.

Le Lieutenant-Gouverneur du Sénégal, rapporteur,

CAMILLE GUY.

N° 806. — ARRÊTÉ *organisant le service de l'Enseignement dans les Colonies et Territoires de l'Afrique occidentale française.*

LE GOUVERNEUR GÉNÉRAL DE L'AFRIQUE OCCIDENTALE FRANÇAISE, COMMANDEUR DE LA LÉGION D'HONNEUR,

Vu l'ordonnance organique du 7 septembre 1840 ;
Vu l'arrêté du 28 février 1891 ;
Vu le décret du 1er octobre 1902 réorganisant le Gouvernement général de l'Afrique occidentale française ;
Le Conseil du Gouvernement général de l'Afrique occidentale française entendu,

ARRÊTE :

Article premier. — L'enseignement donné dans les écoles créées ou à créer dans l'Afrique occidentale française comprend :

1° Un enseignement primaire élémentaire ;
2° Un enseignement professionnel ;
3° Un enseignement primaire supérieur et commercial ;
4° Une école normale commune à toute l'Afrique occidentale française qui assure le recrutement des instituteurs indigènes.

TITRE Ier

DE L'ENSEIGNEMENT PRIMAIRE ÉLÉMENTAIRE

Art. 3. — L'enseignement primaire élémentaire est donné :
1° Dans les écoles du village ;
2° Dans les écoles régionales ;
3° Dans les écoles urbaines.

Art. 3. — Les écoles de village ou écoles du premier degré, sont ouvertes dans tous les centres où le nombre des habitants en justifie la création. Elles sont en principe dirigées par un instituteur indigène, mais elles peuvent l'être par un instituteur européen toutes les fois que le nombre des élèves paraît le nécessiter.

Art. 4. — Le programme de ces écoles comprend essentiellement :

La langue française parlée ;

Et accessoirement :

La lecture ;
L'écriture ;
Le calcul et le système métrique ;
Des leçons de choses portant de préférence sur l'agriculture ;
L'enseignement de l'arabe est donné dans toutes les écoles établies en pays musulman.

Art. 5. — Les écoles de village sont soumises à l'inspection du Directeur de l'école régionale du cercle dont elles dépendent.

Art. 6. — Les écoles régionales sont établies dans les chefs-lieux des cercles ou dans certains centres importants.

Art. 7. — Le programme de ces écoles est le suivant :

La langue française ;
La langue arabe (en pays musulman) ;
La lecture;
L'écriture ;
Le calcul et le système métrique ;
Les éléments de la géométrie ;
Le dessin ;
Des notions sommaires sur l'histoire moderne et contemporaine de la France, étudiée dans ses rapports avec les divers Pays de l'Afrique occidentale française ;
Des notions de sciences physiques et naturelles appliquée à l'hygiène, à l'agriculture et aux industries locales.

Art. 8. — A chaque école régionale est annexée une section d'agriculture et, chaque fois que les ressources locales permettront de le faire dans les conditions indiquées à l'article 16 du titre 8, une section de travail manuel ou école élémentaire professionnelle.

Art. 9. — Le Directeur doit être français et pourvu autant que possible du certificat d'aptitude à l'enseignement du travail manuel ou de l'agriculture.

Il est assisté d'adjoints qui seront suivant les besoins soit européens soit indigènes.

Des maîtres ouvriers de la localité pourront être chargés des exercices pratiques sous l'autorité du Directeur.

Un marabout doit être attaché à l'école pour l'enseignement de l'arabe (dans les pays musulmans).

Art. 10. — Les élèves des écoles régionales sont choisis, après examen, parmi les meilleurs élèves des écoles de villages présentés par leurs instituteurs.

Les élèves étrangers à la localité peuvent recevoir des bourses familiales dont le nombre et le montant seront fixés par les Lieutenants-Gouverneurs.

Art. 11. — La durée normale des études est de 3 ans.

A leur sortie et après examen les élèves reçoivent un certificat de fin d'etudes qui peut porter la mention : « *Agriculture* » ou « *Travail manuel.* »

Art. 12. — Les écoles créées ou à créer dans toutes les villes où l'élément européen ou assimilé est assez nombreux pour en justifier l'ouverture ou le maintien reçoivent le nom « *d'ecoles urbaines.* »

En principe le personnel de ces écoles est exclusivement européen.

Le programme suivi est celui des écoles primaires de la métropole ; cependant des modifications peuvent y être apportées pour répondre aux nécessités locales.

Art. 13. — Aucun élève ne peut passer d'une classe inférieure à une classe supérieure que si le directeur et les instituteurs en décident ainsi après examen des notes obtenues pendant l'année scolaire.

Si l'élève est après deux tentatives reconnu incapable de continuer ses études, il est invité à quitter l'école.

L'examen de fin d'études dans les écoles urbaines a pour sanction un certificat d'études primaires élémentaires analogue à celui institué pour la métropole par la loi du 28 mars 1882.

Art. 14. — Après l'obtention de ce diplôme, les élèves peuvent être reçus dans un cours supérieur annexé à l'établissement.

TITRE II

DE L'ENSEIGNEMENT PROFESSIONNEL

Art. 15. — L'enseignement professionnel est donné :

1° Dans des écoles élémentaires professionnelles ;

2° Dans une école supérieure professionnelle.

Art. 16. — Des écoles élémentaires professionnelles sont constituées par les soins des différentes colonies, dans les centres où existent des ateliers de l'industrie privée, de la Colonie ou de l'Etat.

Ces écoles élémentaires professionnelles ne sont pas toutefois organisées en établissements distincts dans ces centres; elles constituent simplement une section spéciale de l'école régionale qui y sera créée dans les conditions indiquées au titre Ier.

Art 17. — Une école supérieure professionnelle commune à toutes les colonies de l'Afrique occidentale française est constituée à Dakar sous le nom d'école « *Pinet-Laprade* ».

Cette école a pour but de former des maitres-ouvriers des différents corps de métiers. Elle est divisée en trois sections correspondant au travail du bois, du fer et de la pierre.

Art. 18. — Le nombre des élèves à recevoir chaque année à l'école supérieure professionnelle est fixé par le Gouverneur général.

Les élèves à admettre sont choisis parmi les jeunes gens qui sont pourvus du certificat d'études avec mention « *Travail manuel* » délivré par une des écoles élémentaires professionnelles visées à l'article 16.

Ils doivent avoir 15 ans au moins et 18 ans au plus.

Art. 19. — Le régime de l'école est l'externat. Des bourses familiales pourront être accordées à des élèves en vue de leur entretien par des familles indigènes.

Art. 20. — L'enseignement donné à l'école supérieure professionnelle comprend :

1° Une instruction primaire et une instruction technique données par le personnel enseignant de l'école;

2° Une instruction pratique ou apprentissage fait dans un des ateliers de l'industrie privée, de la Colonie ou de l'Etat à Dakar.

La durée de l'enseignement est fixée en principe à 3 ans. Un brevet de maitre-ouvrier sera délivré, après examen, aux élèves qui auront suivi jusqu'à la fin les cours de l'école.

Art. 21. — Toutefois dans le cas où des ouvriers de l'Afrique occidentale française désireraient obtenir le diplôme prévu à l'article précédent sans être astreints à suivre les cours de l'école ils pourront être autorisés, à la condition d'avoir moins de 21 ans et d'être agréés par le Lieutenant-Gouverneur de leur colonie d'origine, à se présenter devant le Jury d'examen et à subir les mêmes épreuves que les élèves de l'école.

Art. 22. — Le personnel enseignant comprend :

Un directeur de l'école professeur technique et pourvu du certificat d'aptitude à l'enseignement du travail manuel.

Art. 23. — Un conseil de surveillance et de perfectionnement est chargé d'arrêter le programme d'enseignement de l'école, de surveiller son administration et de contrôler son fonctionnement.

Il est présidé par l'Inspecteur-Directeur des Travaux publics et comprend outre le Directeur de l'école et le Chef du bureau des finances du Secrétariat général, un représentant de chacune des Administrations dans les ateliers desquels les élèves servent comme apprentis, un représentant de la Municipalité et un représentant la Chambre de commerce de Dakar.

Art. 24. — Le régime intérieur de l'école sera fixé par un règlement approuvé par le Gouverneur général.

TITRE III.

DE L'ENSEIGNEMENT PRIMAIRE SUPÉRIEUR ET COMMERCIAL

Art. 25. — Une école primaire supérieure commerciale est ouverte à Saint-Louis, sous le nom d'*École Faidherbe*.

Art. 26. — L'enseignement y est donné :

Dans une division préparatoire destinée à compléter les notions acquises à l'école primaire élémentaire ;
Dans une section commerciale ;
Dans une section administrative préparant aux emplois coloniaux des Travaux publics, des Douanes, des Postes et des Secrétariats généraux ;
Dans une section d'études secondaires dont l'objet est de mettre les élèves en mesure de suivre les classes supérieures des Lycées et Collèges de la Métropole.

Art. 27. — Pour être admis dans cette dernière section les jeunes gens doivent à la fin de leur première année d'études subir un examen devant une commission composée des professeurs de l'école et présidée par le chef du Service de l'Enseignement.

Art. 28. — Les cours communs à toutes les sections sont :

La langue et la littérature française ;
L'histoire (réduite aux grands faits en insistant particulièrement sur la période contemporaine et sur l'histoire de la civilisation).
La géographie et spécialement la géographie de la France, des Colonies et de l'Afrique occidentale française ;
Des éléments de mathématiques ;
La physique et la chimie, considérées dans leurs applications pratiques ;
Les langues vivantes (anglais et espagnol) ;
Le dessin ;
La gymnastique ;

Art. 29. — Des cours spéciaux sont en outre professés :

1° Pour la section commerciale — la comptabilité et tenue des livres — des notions d'économie politique et de législation commerciale, l'étude des transports ;
La géographie économique ;
Un cours complémentaire de langues vivantes.

2° Pour la section administrative :
Un cours élémentaire de droit administratif ;
Un cours sur l'organisation administrative de l'Afrique occidentale française ;
Un cours élémentaire de comptabilité et plus spécialement de la comptabilité matière ;

3° Pour la section spéciale :
L'enseignement du latin et du grec, de l'histoire et de la géographie d'après les programmes des lycées de la métropole pour les classes de 6e, 5e et 4e (premier cycle).

Art. 30. — La durée normale des études pour les élèves des sections commerciale et administrative est de 3 années en y comprenant celles passées dans la division préparatoire
L'école reçoit des internes et des externes. Des bourses peuvent être accordées par la Colonie ainsi que par les autres Gouvernements dépendant de l'Afrique occidentale française.
Tout boursier qui a subi avec succès l'examen de passage obtient de droit la prolongation de sa bourse pour l'année suivante. Tout boursier qui ne satisfait pas à cet examen est déchu de sa bourse.

Art. 31. — Pour être admis à suivre les cours de l'école, les jeunes gens doivent justifier de la possession du certificat primaire et être agréés par le Directeur.

Art. 32. — Le personnel de l'école comprend :

Un Directeur muni du certificat d'aptitude au professorat des écoles normales et des écoles primaires supérieures (Lettres) :
Un professeur licencié ès-lettres ;
Un professeur de langues vivantes possédant le certificat d'aptitude à l'enseignement de l'Anglais et de l'Espagnol dans les écoles normales, ou tout au moins l'un de ces deux diplômes ;
Deux professeurs pourvus du certificat d'aptitude au professorat des écoles normales et des écoles primaires supérieures (Sciences) ;
Un professeur diplômé du certificat d'aptitude à l'enseignement commercial ;
Un nombre de surveillants en rapport avec les besoins du service.

Art. 33. — L'école est administrée par le Directeur sous le contrôle d'un Conseil d'administration composé de la façon suivante :

Le Secrétaire général du Gouvernement du Sénégal, *président;*
Un Conseiller général,
Un Membre du comité de patronage,
Le Chef du Service de l'enseignement,
Le Directeur de l'école,
Un Commis du Secrétariat général, *secrétaire,*
} Désignés par le Lieutenant-Gouverneur.

Art. 34. — Il est institué près de l'école un Comité de patronage et de surveillance composé de fonctionnaires et de commerçants notables désignés par le Lieutenant-Gouverneur.

Ce Comité a pour mission d'assurer le recrutement et la prospérité de l'école ainsi que le placement des élèves à leur sortie.

Art. 35. — A chacune des sections, commerciale et administrative, correspond un diplôme spécial pour lequel les élèves boursiers doivent obligatoirement concourir à la fin de leurs études.

Les emplois dont l'Administration locale pourra disposer seront réservés de préférence aux anciens élèves diplômés de l'école.

TITRE IV

DE L'ÉCOLE NORMALE

Art. 36 — L'école normale de Saint-Louis comprend deux divisions :

La première prépare aux fonctions d'instituteurs dans les écoles indigènes de l'Afrique occidentale française ;

La seconde, subdivisée en trois sections, assure le recrutement des interprètes, des cadis et des chefs.

Art. 37. — La durée des études dans chacune des deux divisions est de trois ans. En principe les élèves y sont admis de 15 à 18 ans.

Art. 38. — Le régime de l'école est l'internat. Des bourses familiales pourront être accordées aux élèves qui, faute de place, ne pourraient être reçus dans l'établissement.

Art. 39. — Les candidats, exception faite des fils de chefs, doivent subir un examen d'entrée devant une Commission nommée par le Gouverneur général.

Le programme des examens est celui des écoles urbaines pour

la section des instituteurs et celui des écoles régionales pour les deux autres.

Les candidats pour la section des instituteurs doivent être toutefois pourvus du certificat d'études primaires élémentaires.

Art. 40. — Chaque année, au mois de juillet sur le vu des notes obtenues dans le cours de l'année et à l'examen qui la termine, le Gouverneur général arrête la liste des élèves instituteurs, cadis et interprètes admis à passer de première en deuxième et de deuxième en troisième année.

Art. 41. — A la fin des études il sera délivré aux élèves, après examen, un diplôme spécial à chaque section. Le diplôme correspondant à la section des instituteurs est le brevet élémentaire de capacité.

Art. 42. — En cas d'insuccès les élèves peuvent être autorisés sur l'avis des professeurs réunis en Conseil, à redoubler la troisième année.

Art. 43. — L'enseignement à l'école normale comprend :

L'instruction morale et civique ;
La lecture ;
L'écriture ;
La langue française et les éléments de la littérature ;
La langue arabe ;
Les grands faits de l'histoire de France et les relations de la France avec les divers pays de l'Afrique occidentale ;
La géographie de la France et de ses Colonies, particulièrement de l'Afrique occidentale ;
L'arithmétique et le système métrique ;
La géométrie élémentaire ;
Les éléments des sciences physiques et naturelles étudiés au point de vue de leurs applications à l'hygiène et à l'industrie.
L'agriculture pratique ;
Le dessin ;
La gymnastique.

Art. 44. — Il est donné en outre des enseignements spéciaux à chaque section. Ces enseignements sont :

Pour les interprètes :

Les principaux dialectes parlés dans l'Afrique occidentale française ;

Pour les cadis :

Le droit musulman (rite malekite) et des notions de droit français ;

Pour les fils de Chefs :

Le droit constitutionnel français ainsi que des notions sur l'organisation administrative de l'Afrique occidentale française et sur la comptabilité.

Art. 45. — Il est donné aux élèves de la section des instituteurs des notions de pédagogie élémentaires.

Ces élèves forment dans l'école une division supérieure et reçoivent un enseignement analogues, sous la réserve des modifications locales, à celui des écoles métropolitaines.

Art. 46. — Ils sont exercés à l'enseignement dans certaines écoles de la ville de Saint-Louis désignées par l'Administration.

A leur sortie ils devront faire, dans la mesure du possible, un stage d'un an au moins dans une école régionale où ils serviront en qualité d'adjoints.

Art. 47. — Tout élève quittant l'école sans être muni du brevet de capacité ne peut obtenir une nomination d'instituteur.

Art. 48. — Le personnel de l'école comprend :

Un Directeur muni d'un certificat d'aptitude au professorat des écoles normales ;

Des professeurs de lettres et de sciences pourvus du même diplôme et chargés de la section des instituteurs.

Des instituteurs adjoints possédant le brevet supérieur et le brevet de capacité et chargés des trois autres sections ;

Un professeur d'arabe ;

Des maîtres spéciaux pour les enseignements accessoires ;

Des surveillants ;

Un agent comptable chargé de la comptabilité de l'école ;

Art. 49. — Un Conseil d'administration nommé par le Gouverneur général est institué auprès du Directeur de l'école.

Art 50. — Le régime intérieur de l'école sera fixé par un arrêté spécial.

TITRE V

DE L'ENSEIGNEMENT DES FILLES

Art. 51. — A mesure que le développement social de chaque Colonie le permettra, l'enseignement des filles sera donné :

Dans des écoles de village ;

Dans des écoles ménagères ;

Dans des écoles urbaines ;

Dans une section normale annexée à une des écoles urbaines.

Art. 52. — Le programme des écoles de village comprend, outre les enseignements énumérés à l'article 4 du titre premier, la couture et le chant.

Art. 53. — Des écoles ménagères seront créées dans les centres importants.

Art. 54. — Il y sera donné un enseignement primaire élémentaire comprenant :

La langue française ;
La lecture et l'écriture ;
Le calcul et le système métrique;
Des notions sur l'histoire de France ainsi que sur la géographie de la France et de ses Colonies. Ces notions sont présentées sous forme d'exercices de langage.
Les sciences physiques et naturelles, étudiées dans leurs applications à l'hygiène et plus particulièrement à l'hygiène de l'enfance.
Le chant.

Art. 55. — Il y sera donné en outre les enseignements spéciaux suivants :

Le blanchissage et le repassage ;
La couture;
La coupe et l'assemblage ;
La cuisine.

Art. 56. — Les écoles urbaines des filles suivront le même programme que celles des garçons.
Il pourra être annexé à ces écoles des classes maternelles, un cours d'enseignement ménager et un cours complémentaire pour la préparation du brevet.

Art. 57. — Une section normale est annexée à l'école laïque des filles de Saint-Louis. Elle a pour but de fournir au cadre de l'enseignement des institutrices indigènes.
Pour y être admises, les aspirantes doivent avoir 15 ans au moins et 18 ans au plus et être munis du certificat d'études primaires.
Le programme suivi est celui du brevet élémentaire.
La durée des études est de deux ans.

Art. 58. — En attendant la création d'un internat, des bourses familiales peuvent être accordées après examen, à des jeunes filles pour leur permettre de suivre les cours de la section normale. . . . .

Art. 59. — Le personnel enseignant féminin dans l'Afrique occidentale française comprendra :

1° Des institutrices européennes chargées de diriger le cours normal, les écoles urbaines et les écoles ménagères et d'y enseigner au besoin en qualité d'adjointes ;

2° Les institutrices indigènes placées à la tête des écoles de village ou de certaines classes d'adjointes dans les autres écoles.

Art. 60. — Des personnes particulièrement désignées par leur compétence seront chargées, sous la surveillance de la Directrice, des cours spéciaux prévus à l'article 55.

Art. 61. — Les dispositions des articles 13 et 14 du titre 1er sont applicables au personnel féminin de l'enseignement.

Art. 62. — Toutes dispositions contraires au présent arrêté sont et demeurent abrogées.

Art. 63. — Le Secrétaire général du Gouvernement général et les Lieutenants Gouverneurs des Colonies de l'Afrique occidentale française sont chargés, chacun en ce qui le concerne, de l'exécution du présent arrêté qui sera enregistré aux Publications officielles du Gouvernement général et de chacune des Colonies du Sénégal, de la Guinée, de la Côte d'Ivoire et du Dahomey.

Saint-Louis, le 24 novembre 1903.

E ROUME.

N° 803. — ARRÊTÉ *organisant le personnel du Service de l'Enseignement dans les Colonies et Territoires de l'Afrique occidentale française.*

LE GOUVERNEUR GÉNÉRAL DE L'AFRIQUE OCCIDENTALE FRANÇAISE, COMMANDEUR DE LA LÉGION D'HONNEUR,

Vu le décret du 1er octobre 1902 portant organisation du Gouvernement général de l'Afrique occidentale française ;

Vu l'arrêté du 14 décembre 1902 promulguant dans toutes les Colonies et Territoires dépendant du Gouvernement général de l'Afrique occidentale française les décrets des 16 juin 1899 et 30 octobre 1902 concernant le personnel dépendant du Ministère de l'Instruction publique mis en service détaché ;

Vu le décret du 3 juillet 1897 sur les indemnités de route et de séjour, et les concessions de passage accordées au personnel des services coloniaux et locaux ;

Le Conseil du Gouvernement général de l'Afrique occidentale française entendu,

ARRÊTE :

Article premier. — Le Service de l'Enseignement dans les Colonies et Territoires de l'Afrique occidentale française est assuré par un personnel spécial regi, pour le recrutement, l'avancement et la discipline, par le présent arrêté.

Art. 2. — Ce personnel comprend un cadre européen et un cadre indigène.

Art. 3. — Le Gouverneur général nomme à tous les emplois. Il répartit le personnel appartenant déjà au cadre métropolitain de l'Instruction publique et mis à sa disposition suivant les besoins du service et dans la limite des prévisions budgétaires de chaque Colonie.

Art. 4. — Le cadre européen du personnel enseignant comprend :

Un directeur d'école normale, Chef du Service de l'enseignement de l'Afrique occidentale française :

Un Chef de Service de l'enseignement du Sénégal;

Des directeurs d'écoles supérieures professionnelles et commerciales;

Des directeurs ou directrices d'écoles primaires ;

Des professeurs de lettres, langues vivantes, enseignement commercial, sciences et d'enseignement technique ;

Des instituteurs ou institutrices titulaires ou stagiaires.

Art. 5. — La solde et le classement de ce personnel sont fixés comme suit :

Instituteurs et institutrices.	1re classe	6.000f	Solde d'Europe : 3.000f Solde coloniale : 3.000
	2e classe	5.500f	Solde d'Europe : 2.750f Solde coloniale : 2.750
	3e classe	4.500f	Solde d'Europe : 2.250f Solde coloniale : 2.250
	4e classe	4.000f	Solde d'Europe : 2.000f Solde coloniale : 2.000
	5e classe	3.500f	Solde d'Europe : 1.750f Solde coloniale : 1.750
Instituteurs stagiaires		3.000f	Solde d'Europe : 1.500f Solde coloniale : 1.500

Professeurs pourvus d'une licence ès-lettres ou ès-sciences ; du certificat d'aptitude dans les écoles normales ou dans les écoles pratiques du commerce ou d'industrie ; du certificat d'aptitude de l'enseignement des langues vivantes dans les lycées ou collèges, ou dans les écoles normales. Professeurs diplômés de l'enseignement technique ou anciens élèves brevetés des écoles d'arts et métiers de la métropole..................	1re classe : 9.000f	Solde d'Europe : 4.500f Solde coloniale : 4.500
	2e classe : 8.000f	Solde d'Europe : 4 000f Solde coloniale : 4.000
	3e classe : 7.000f	Solde d'Europe : 3.500f Solde coloniale : 3.500
	4e classe : 6.000f	Solde d'Europe : 3.000f Solde coloniale : 3.000

Art. 6. — Les directeurs ou directrices d'écoles supérieures ou d'écoles primaires à plus de 4 classes reçoivent en sus une indemnité spéciale de 1,000 francs.

Art. 7. — Le Chef de Service de l'Enseignement du Sénégal touche un traitement d'Europe de 5,000 francs, 5,500 francs et 6.000 francs, suivant la classe à laquelle il appartient. Il touche, en outre, une indemnité de 1,000 francs pour frais de tournée.

Le directeur d'école normale, Chef de Service de l'Enseignement de l'Afrique occidentale française, touche une solde d'Europe de 6,000 francs, 6,500 francs et 7,000 francs, suivant la classe à laquelle il appartient. Il lui est alloué, pour frais de tournée, une somme de 1,500 francs.

Art. 8. — Tous les fonctionnaires de l'enseignement en service dans l'Afrique occidentale française touchent, en outre, une indemnité de logement fixée à 600 francs par an. Toutefois, lorsque l'institutrice mariée à un instituteur se trouvera en service dans la même localité que son mari, les deux indemnités ne se cumuleront pas.

Art. 9. — Les membres du personnel appartenant au cadre métropolitain nommés en Afrique occidentale française sont rangés dans les cadres du personnel de cette Colonie, dans la classe dont la solde d'Europe égale au moins celle qu'ils recevaient dans la métropole.

Art. 10. — Au point de vue des passages et de la concession des indemnités de route, le personnel enseignant est placé ainsi qu'il suit :

Directeurs de l'enseignement en Afrique occidentale française et au Sénégal	1re catégorie B.
Directeurs d'écoles primaires supérieures professionnelles Professeurs munis d'une licence ou d'un certificat d'aptitude Directeurs ou directrices d'écoles primaires Institutrices	2e catégorie.
Instituteurs Instituteurs stagiaires Répétiteurs	3e catégorie.

Art. 11. — En dehors du personnel détaché dans la Colonie par le Ministère de l'Instruction publique, nul ne peut être admis dans le personnel enseignant de l'Afrique occidentale française qu'en qualité de stagiaire.

Art. 12. — Les candidats à l'emploi d'instituteur stagiaire doivent justifier qu'ils sont français, âgés d'au moins 18 ans et pourvus du brevet de capacité de l'enseignement primaire,

Pour les institutrices, la condition d'âge est ramenée à 17 ans.

Art. 13. — Les institutrices et instituteurs titulaires sont choisis parmi les stagiaires pourvus du certificat d'aptitude pédagogique ou comptant trois ans de stage et proposés pour la titularisation par le Lieutenant-Gouverneur de la Colonie où ils sont en service.

Art. 14. — Nul ne peut enseigner dans une école primaire supérieure s'il n'est âgé d'au moins 21 ans et muni du brevet supérieur et du certificat d'aptitude pédagogique.

Art. 15. — Les directeurs ou les directrices d'école sont choisis parmi les instituteurs ou les institutrices titulaires âgés d'au moins 21 ans. Si l'école reçoit des internes, le directeur ou la directrice doivent être âgés d'au moins 25 ans.

Art. 16. — Les promotions en classe ont lieu au choix ou à l'ancienneté. Le choix porte sur les professeurs, instituteurs ou institutrices titulaires comptant au moins deux ans dans une classe et qui sont proposés pour l'avancement par le Lieutenant-Gouverneur de la Colonie où ils servent.

L'avancement à l'ancienneté a lieu après cinq ans passés dans une même classe.

Toutefois, dans chaque catégorie, la 1re classe ne pourra comprendre que le quart de l'effectif total et la dernière devra comprendre au moins la moitié de cet effectif.

Art. 17. — Les mesures disciplinaires applicables au personnel enseignant sont les suivantes :

L'avertissement ;
La censure ;
La révocation ;
L'interdiction d'enseigner.

Les deux premières peines sont prononcées par les Lieutenants-Gouverneurs, sur le rapport des fonctionnaires sous les ordres desquels sont placés les agents de l'Enseignement.

Les deux dernières sont prononcées par le Gouverneur général, sur le rapport du Lieutenant-Gouverneur de la Colonie où l'agent est en service et après que celui-ci aura été mis en demeure de fournir par écrit ses moyens de défense sur les faits reprochés.

Le licenciement peut également être prononcé par le Gouverneur général pour inaptitude physique. Dans ce cas, l'agent licencié reçoit une indemnité dont la quotité est fixée par le paragraphe 3 de l'article 17 du décret du 23 décembre 1897 sur la solde du personnel colonial.

Le licenciement, la révocation et l'interdiction d'enseigner ne s'appliquent pas au personnel du Ministère de l'Instruction publique détaché en Afrique occidentale française, qui continue à être régi sur ce point par le décret du 30 octobre 1902.

Art. 18. — Le cadre indigène du personnel enseignant comprend des instituteurs titulaires et des instituteurs stagiaires.

Art. 19. — Les instituteurs stagiaires sont choisis parmi les indigènes âgés de 18 ans au moins et ayant satisfait aux épreuves d'un examen dont le programme sera fixé par arrêté du Gouverneur général.

Ils peuvent être titularisés après trois ans de stage, sur le rapport des administrateurs des cercles où ils sont détachés.

Art. 20. — Les dispositions des articles 3, 15, 16 et 17 sont applicables au personnel enseignant du cadre indigène.

DISPOSITIONS TRANSITOIRES

Art. 21. — Les instituteurs européens et indigènes actuellement en service dans une des Colonies de l'Afrique occidentale française seront incorporés dans le nouveau cadre avec leur grade et bénéficieront de la solde y attachée.

Si cette solde est inférieure à celle qu'ils reçoivent actuellement, la différence continuera à leur être acquise à titre de supplément personnel jusqu'à un avancement de classe ou de grade régularisant la situation.

Art. 22. — Cet arrêté abroge celui du 9 juin 1903.

Art. 23. — Le Secrétaire général du Gouvernement général et les Lieutenants-Gouverneurs de l'Afrique occidentale française sont chargés, chacun en ce qui le concerne, de l'exécution du présent arrêté, qui sera enregistré et communiqué partout où besoin sera.

Saint-Louis, le 21 novembre 1903.

E. ROUME.

N° 806 *bis*. — ARRÊTÉ *portant organisation du cadre indigène du personnel enseignant.*

LE GOUVERNEUR GÉNÉRAL DE L'AFRIQUE OCCIDENTALE FRANÇAISE, COMMANDEUR LA LÉGION D'HONNEUR,

Vu le décret du 1er octobre 1902 réorganisant le Gouvernement général de l'Afrique occidentale française ;
Vu le décret du 3 juillet 1897 sur les indemnités de route et de séjour et les concessions de passage accordées au personnel des Services coloniaux et locaux ;
Considérant la nécessité d'organiser le cadre indigène du personnel enseignant,

ARRÊTE :

Article premier. — Le cadre indigène du personnel enseignant comprend des instituteurs titulaires et des instituteurs stagiaires.

Art. 2. — La solde et le classement de ce personnel au point de vue du passage et de la concession des indemnités de route sont fixés comme suit :

EMPLOI	SOLDE	CATÉGORIE DU TABLEAU DE CLASSEMENT au point de vue des passages et indemnités.
Instituteurs de 1re classe........	2.400f	4e catégorie.
— de 2e classe........	2.200	
— de 3e classe........	2.000	
— de 4e classe........	1.800	
Instituteurs stagiaires	1.500	5e catégorie.

Art. 3. — Les instituteurs stagiaires sont choisis parmi les indigènes âgés de 18 ans au moins et ayant satisfait aux épreuves d'un examen dont le programme sera fixé par arrêté du Gouverneur général.

Ils peuvent être titularisés après 3 ans de stage sur le rapport des Administrateurs des cercles où ils sont détachés.

Art. 4. — Les dispositions des articles 16, 17 et 21 de l'arrêté du 24 novembre 1903 sont applicables au personnel enseignant du cadre indigène.

Art. 5. — Toutes dispositions contraires au présent arrêté sont et demeurent abrogées.

Art. 6. — Le Secrétaire général du Gouvernement général et les Lieutenants-Gouverneurs de l'Afrique occidentale française, seront chargés, chacun en ce qui le concerne, de l'exécution du présent arrêté qui sera enregistré et publié partout où besoin sera.

Saint-Louis, le 24 novembre 1903.

E. ROUME.

SAINT-LOUIS (Sénégal). — Imprimerie du Gouvernement.

www.ingramcontent.com/pod-product-compliance
Lightning Source LLC
LaVergne TN
LVHW010251230826
846091LV00007B/2919

* 9 7 8 2 0 1 2 8 5 5 5 8 8 *